SNEAKY PRESS

©Copyright 2023
Pauline Malkoun

The right of Pauline Malkoun to be identified as author of this work has been asserted by them in accordance with Copyright, Designs and Patents Act 1988.

All Rights Reserved.

No reproduction, copy or transmission of this publication may be made without written permission.
No paragraph of this publication may be reproduced, copied or transmitted save with the written permission of the publisher, or in accordance with the provisions of the Copyright Act 1956 (as amended).

Any person who commits any unauthorized act in relation to this publication may be liable to criminal prosecution and civil claims for damages.

A catalogue record for this work is available from the National Library of Australia.

ISBN 9781922641946

Sneaky Press is the imprint of Sneaky Universe.
www.sneakyuniverse.com
First published in 2023

Sneaky Press
Melbourne, Australia.

Il Libro dei Fatti Casuali sulla Lingua

Sneaky Press

Contenuti

Fatti Casuali sulla Lingua   6

Fatti Casuali sulle Famiglie Linguistiche   18

Fatti Casuali sulla Punteggiatura   28

Fatti casuali sulla lingua

La lingua con il maggior numero di parlanti nativi è il cinese mandarino.

La lingua parlata dal maggior numero di persone è l'inglese.

L'inglese è anche la lingua parlata dal maggior numero di persone non native.

La lingua è in costante cambiamento.

Si ritiene che la lingua più difficile da imparare sia il basco, una lingua parlata nel nord-ovest della Spagna e nel sud-ovest della Francia. Ha un vocabolario e una grammatica eccezionalmente complicati e non sembra essere correlata a nessun'altra lingua nel mondo.

Il paese con il maggior numero di lingue parlate è la Papua Nuova Guinea, che ha 820 lingue viventi.

Le lingue esistono fin dal 100.000 a.C.

Al momento della stampa nel 2021, ci sono 7139 lingue parlate in tutto il mondo.

La lingua ufficiale di un paese è la lingua in cui un governo conduce gli affari.

C'è solo un paese africano in cui l'intera popolazione parla la stessa lingua, la Somalia. Parlano tutti somalo.

Il Sudafrica ha 11 lingue ufficiali.

Molte lingue in Africa includono un suono di "click" che viene pronunciato contemporaneamente ad altri suoni. Le lingue che includono suoni di "click" devono essere apprese durante l'infanzia per raggiungere la fluidità.

Più di 1000 lingue distinte sono parlate sul continente africano.

La Bibbia è il libro più tradotto.

Il documento più tradotto è la Dichiarazione Universale dei Diritti Umani, scritta dalle Nazioni Unite nel 1948, ed è stata tradotta in 321 lingue e dialetti.

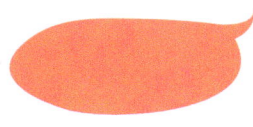

La prima lingua mai scritta è stata il sumerico intorno al 3200 a.C.

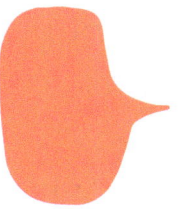

I suoni consonantici più comuni nelle lingue del mondo sono /p/, /t/, /k/, /m/ e /n/.

Per 600 anni, il francese è stato la lingua ufficiale dell'Inghilterra.

La metà della popolazione mondiale parla una delle 10 lingue più grandi del mondo come prima lingua.

Le lingue scritte più antiche ancora esistenti sono il cinese o il greco intorno al 1500 a.C.

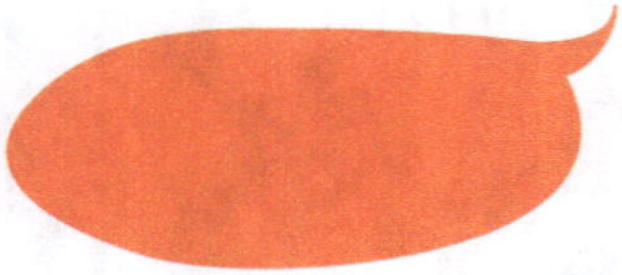

Tutti i piloti si identificano in inglese su voli internazionali.

La lingua più ampiamente pubblicata è l'inglese.

La lingua con il minor numero di parole è il Taki Taki (detto anche Sranan) con solo 340 parole. Il Taki Taki è un creolo basato sull'inglese. È parlato da 120.000 persone nel paese sudamericano del Suriname.

Fatti casuali sulle famiglie linguistiche

Le lingue sono classificate in famiglie sulla base delle somiglianze a causa di un antenato linguistico comune da cui si sono evolute.

La famiglia delle lingue indoeuropee è divisa in famiglie più piccole che includono lingue parlate in India, Pakistan, Iran e quasi tutta l'Europa.

Le somiglianze tra la lingua indiana antica, il sanscrito, il latino e il greco furono notate all'inizio del XVIII secolo.

La famiglia indoiraniana include lingue come urdu, hindi, bengalese e punjabi, parlate nell'India del Nord e in Pakistan. Anche il persiano e il curdo fanno parte del gruppo linguistico indoiraniano.

Il gruppo linguistico delle lingue romanze si è sviluppato dal latino. Include lingue come lo spagnolo, il portoghese, il francese, l'italiano e il romeno, tra gli altri.

Il gruppo linguistico germanico include le lingue scandinave (svedese, danese, norvegese, islandese e faroese), così come l'inglese, il tedesco, l'olandese, il fiammingo (che è parlato in una parte del Belgio) e l'afrikaans (che è correlato all'olandese e viene parlato in Sudafrica).

Il gruppo linguistico slavo include il russo, il bielorusso, l'ucraino, il polacco, il ceco, lo slovacco, il bulgaro, il serbo e il croato.

Il gruppo linguistico greco include le forme moderne e antiche del greco.

Il gruppo linguistico celtico include il bretone, l'irlandese gaelico, il gallese e il gaelico scozzese.

Il gruppo linguistico baltico include il lettone e il lituano.

Il gruppo linguistico ugrofinnico include il finlandese, l'estone, il saami e l'ungherese.

La lingua basca, per quanto sappiamo, non ha parenti linguistiche conosciute.

Il gruppo linguistico turco include il turco, l'azerbaigiano, l'uzbeko e il kazako.

La famiglia linguistica afro-asiatica si trova nelle parti settentrionali e orientali dell'Africa. Questa famiglia è generalmente divisa in cinque sottogruppi con il gruppo semitico delle lingue, il più comune. Questa è la famiglia dell'arabo, dell'ebraico, dell'amharico e del tigrino, così come della lingua egiziana estinta da molto tempo, nota per i suoi geroglifici.

La famiglia linguistica niger-congo è generalmente divisa in dieci sottogruppi, con ciascun sottogruppo che include diverse centinaia di lingue.

La famiglia linguistica khoisan è parlata nell'Africa meridionale. Queste lingue includono suoni di "click".

La famiglia linguistica nilo-sahariana include tutte le altre lingue parlate in Africa.

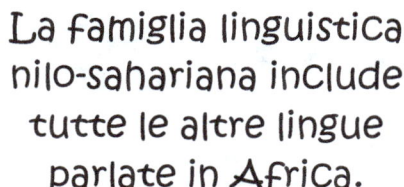

Include il gruppo linguistico nilo, che consiste in circa 150 lingue parlate dalle persone nell'Africa orientale. Il gruppo linguistico sahariano include 10 lingue parlate in Ciad, Niger e Libia.

La più grande famiglia della niger-congo è la famiglia linguistica bantu. Queste lingue sono parlate nell'Africa subsahariana e includono lo swahili.

La famiglia linguistica malayo-polinesiana include lingue parlate in Asia e Oceania. Include lingue come il giavanese, l'indonesiano, il tagalog (trovato nelle Filippine) e il malese, che appartengono al ramo occidentale della famiglia linguistica malayo-polinesiana.

Il ramo orientale include le lingue delle comunità micronesiane, polinesiane e melanesiane, comprese le lingue parlate nelle Figi e la lingua maori della Nuova Zelanda.

La famiglia linguistica dravidica è parlata nel sud dell'India e include il tamil e il telugu.

La famiglia linguistica australiana include le oltre 250 lingue indigene parlate dai popoli delle Prime Nazioni in Australia. Queste includono il walpiri, l'arrernte, il kuwarra e il nyangumarda.

La lingua sino-tibetana include le lingue della Cina, come il mandarino, l'hakka, il wu e il cantonese (yue), e della Birmania, del Tibet e di Taiwan, tuttavia le relazioni tra le lingue di questa famiglia sono incerte e oggetto di dibattito.

Come il basco, sia il giapponese che il coreano non hanno parenti linguistiche conosciute.

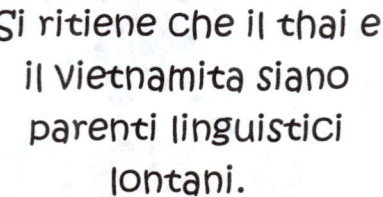

Si ritiene che il thai e il vietnamita siano parenti linguistici lontani.

La relazione tra le circa 700 lingue parlate in Papua Nuova Guinea (il gruppo linguistico papuano) è sconosciuta. Sono state raggruppate in una famiglia a causa della vicinanza geografica.

La famiglia linguistica degli indiani americani comprende circa 20 famiglie linguistiche con alcune lingue in ciascuna delle popolazioni indigene delle Americhe. Questa famiglia include il quechua, parlato in Bolivia e Perù, e il guaraní, parlato in Paraguay.

Fatti casuali sulla punteggiatura

Il simbolo @ ha una serie di (divertenti) nomi. Nei Paesi Bassi è chiamato "la coda della scimmia", in Israele è chiamato "strudel", in russo è "il piccolo cane", in italiano è "chiocciola" e in bosniaco è "la A pazza".

Il simbolo # è chiamato in realtà "ottotorpio" perché ha otto punte.

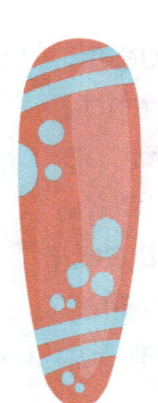

Il punto esclamativo non ha avuto un tasto dedicato sulla macchina da scrivere fino agli anni '70.

Il "punto" è presente fin dal III secolo a.C. e veniva collocato in cima a una riga anziché in fondo.

Si ritiene che la virgola e il punto siano stati inventati dalla stessa persona, Aristofane di Bisanzio, per mostrare agli attori come dovessero leggere i passaggi di testo in modo individuale.

La e commerciale era originariamente la 27ª lettera dell'alfabeto inglese (e significava 'e').

Nelle prime scritture non erano presenti punteggiatura o spazi.

Altri titoli della serie "Fatti Casuali"

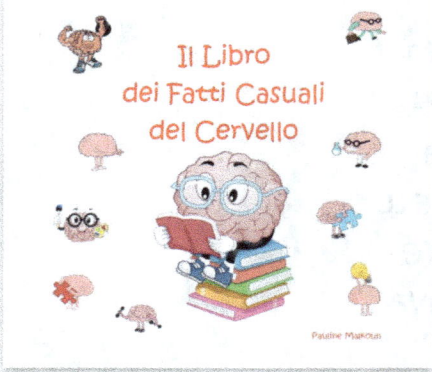

www.ingramcontent.com/pod-product-compliance
Lightning Source LLC
Chambersburg PA
CBHW081737100526
44591CB00016B/2649